DAS IST ES,
WAS DICH
AUSMACHT.

DEIN GEFÜHL.

Die in den Geschichten dargestellten Figuren sind inspiriert von realen Personen, unterscheiden sich jedoch deutlich von ihnen. Die Handlungen in diesen Erzählungen sind nicht als dokumentarische Wiedergabe tatsächlicher Ereignisse zu verstehen. Daher ist es ausgeschlossen, dass die geschilderten Vorgänge als wahrheitsgemäß oder authentisch angesehen werden können.

Text: Maria Chérie
Lektorat: Monika Pier
Bilder: Maria Chérie
Covergestaltung: Verlagshaus Schlosser
Umschlagabbildung: Maria Chérie
Satz und Layout: Verlagshaus Schlosser
ISBN 978-3-7581-0125-0

Druck: Verlagsgruppe Verlagshaus Schlosser • Inhaber Florian Ebering
Geltinger Straße 21 • D-85652 Pliening
verleger@verlagshaus-schlosser.de • www.schlosser-verlagshaus.de

Printed in Germany

DAS IST ES,

WAS DICH AUSMACHT.

DEIN GEFÜHL.

Autorin

Maria Chérie

„Ich möchte dich auf eine kleine wunderbare Reise
in die Gefühlswelt einladen…

Wie tief wir tauchen, bestimmst nur du allein…
Doch wenn du bereit bist, führt sie dich zurück,
zurück zu deinem Herzen…“

Das ist es, was dich ausmacht. Dein Gefühl.

Man blickt automatisch in deine Seele und weiß, was für ein toller Mensch du bist. Mach weiter so. Danke für die ganzen Gefühle, für dein wundervolles Herz.

Eines Tages wirst du spüren, dass es nie um die großen Momente ging, sondern um die kleinen, die jeden Tag gefühlt werden.

Du wirst erkennen, dass in allem Großen, was du erreichst, diese Momente deshalb so besonders sind, weil du dazwischen, zwischen all den kleinen Momenten, deine Gefühle fühlst und lebst.

Wenn wir unsere Gefühle zulassen, führen sie uns an die wundervollsten Orte in unseren Leben.

„Sie wissen, wie wertvoll das Leben ist".

Weißt Du,

mir fehlt oft der Mut.

Ich brauche ganze Tage für mich,

liebe das Fliegen, liebe die Berge,

liebe den Sport,

liebe klare Sternennächte mit schöner Musik.

Grundsätzlich mag ich Kalender, mag es aber nicht,
darin etwas stehen zu haben, außer Geburtstage.

Ich lebe gerne in den Tag hinein,

ich wünsche mir, dass du verstehst, was ich tue.

Manchmal sehne ich mich nach solch einem Leben,
doch meistens habe ich es sehr gerne, nicht zu wissen,
was ich morgen mache.

Ich möchte die Welt an den schönsten Orten bereisen,

mit Menschen, die ich liebe.

Doch ich bin sehr spontan und erwarte auch nicht, dass du dir dann einfach die Zeit nimmst, überhaupt Lust hast, jetzt mit mir zu chillen, meine Geschichten zu lesen.

„Kennst du das? Willst du nicht auch mal in deine Zeitmaschine blicken, wenn auch nur für einen kurzen Augenblick?“

Geschichten der Gefühle

1. Sommernächte

2. Sternschnuppen

3. Vertraute Fremde

4. Zuhause: Wo wach bleiben schöner ist als träumen

5. Abtauchen

6. Barfuß am Strand

7. Es ist vielleicht zu Ende, aber noch nicht vorbei

8. Und dann bist da du

9. Unendliche Weite in deinen Augen

10. Weil „einfach“ unschlagbar ist

11. Abende

Das Gefühl, was Dich ausmacht

1. Die Geschichte meiner Gefühle
2. Gefühle der Gedanken
3. Verwirrt zwischen allem und nichts
4. Das Gedankenspiel der Gefühle
5. Gefühle wollen gefühlt werden
6. Jedes Gefühl ist gleich wichtig und wertvoll
7. Dein inneres Gefühl
8. Gefühle in unserem Körper
9. Gefühle und Bedürfnisse

„Sommernächte“

Sommernächte

„Wie kann etwas vorbeigehen

bevor es angefangen hat?“

Es war ein lauwarmer Sommerabend. Ich saß auf meinem kleinen Handtuch im Sand am Strand auf Sylt und beobachtete die Vögel.

Manchmal wünschte ich mir, ich wäre auch ein Vogel, und könnte fliegen. Jederzeit, wann immer ich will, an ein anderes Ende der Welt fliegen zu können, und all die schönen Orte zu erkunden und die schönen Momente mit meinen Augen zu fotografieren, frei zu sein.

Oft habe ich mich gefragt: Was wäre das Leben ohne lästige Verpflichtungen? Welche Träume habe ich? Schließlich hat jeder Mensch Träume. Doch wie setze ich sie um? Wir haben nur dieses eine Leben – warum es also nicht nach unseren Wünschen gestalten?

Ich machte mich auf, nahm mein Handtuch und lief in Gedanken den Strand entlang – der Abendsonne entgegen, auf der Suche nach einem schönen, einsamen Platz, um den Sonnenuntergang in Ruhe zu genießen.

Ich liebe diese Momente, in denen ich einfach die Stille genießen kann. Hier wusste ich: Niemand konnte mich mit belanglosen Worten über Dinge stören, die im Leben eigentlich keine Bedeutung haben.

Wenn wir ehrlich sind, will doch jeder immer nur schneller und besser sein, aber niemand fühlt den Moment, in dem wir leben, oder erkennt, was wir wirklich brauchen. Dabei ist es nicht viel – wir haben alles Wichtige zum Leben.

Vielmehr sind es doch die schönen Momente, von denen wir später gerne erzählen – und dabei lächeln.

Eine Weile war ich noch in meinen Gedanken versunken, spürte den Sand zwischen meinen Zehen.

Ich atmete tief ein, wieder und wieder – und es fühlte sich unglaublich gut nach Freiheit an.

Meine Eltern waren in der Zwischenzeit mit Freunden essen gegangen. An diesem Abend wollte ich meine Ruhe – kein Trubel, keine Menschen, nur für mich sein und die Stille genießen.

Plötzlich sah ich in der Ferne einen freilaufenden Hund auf mich zurennen, einen riesigen Stock im Maul. Sein Herrchen folgte ein Stück weiter hinten.

Es dauerte nicht lange, da kam der Hund zu mir, sprang mich an und machte mich mit seinen nassen, sandigen Pfoten schmutzig. Er brachte mir seinen Stock, den ich ein paar Mal hin und her warf.

Es hat eine Menge Spaß gemacht!

Als der Mann auf mich zukam, lächelte er und entschuldigte sich, dass Finn, so hieß der Hund, mein Kleid schmutzig gemacht hat.

„Hallo, mein Name ist Lars. Ich bin hier für ein paar Tage mit Finn, um etwas abzuschalten“, sagte er. Ich schaute die beiden an und lächelte ihn an: „Freut mich, ich heiße Maria“.

Noch im selben Moment wollte ich sagen, wie wunderschön ruhig es hier ist. Da fragte er mich, wo ich hingehe. Ich antwortete, dass ich nur etwas den Strand entlang spazieren wollte, um die Abendsonne zu genießen und Ruhe zu finden.

Kurz darauf fing Finn an zu bellen, weil wir den Stock nicht sofort wieder geworfen hatten. Wir lächelten beide.

Zusammen gingen wir noch ein paar Meter am Strand entlang. Es fühlte sich an, als ob wir uns schon ewig kannten.

An diesem Abend philosophierten wir über das Leben, unsere Hobbys, wo wir leben und was wir in diesem Leben noch Tolles vorhaben.

„Sternschnuppen“

Sternschnuppen

„Weißt du, manchmal fällt es mir schwer, in den Sternenhimmel zu blicken und an nichts zu denken"

Langsam stieg die Dunkelheit auf und bedeckte den Himmel mit Sternen. Und ich fragte mich: Sind nicht wieder die Sternschnuppen unterwegs?

Da! Was für ein heller Stern – oder doch ein Satellit? Wer kann das schon genau wissen.

Ich mag die Idee, dass es ein Stern ist, der aufblitzt. Ich mag das endlose Funkeln.

Ich nahm meine Decke, setzte mich mit einem Glas Gin, den ich mir zuvor gemacht hatte, auf meinen Balkon und zündete eine Kerze an. Wer mich kennt, weiß, dass ich Kerzen liebe – besonders solche, die nach grünem Tee und Limette duften.

Da! Und wieder funkelte es.

Dann kam mir die Erklärung der Sternschnuppen in den Sinn: Sie können genauso schön sein wie die Liebe.

Sternschnuppen leuchten aufgrund der Reibung, die entsteht, wenn sie durch die Erdatmosphäre flitzen. Dabei erwärmen sich die Teilchen und verglühen, bevor sie die Erdoberfläche erreichen. Gleichzeitig erwärmt sich auch die Luft, die entlang der Flugbahn der Sternschnuppe ionisiert wird. Sie hinterlässt eine leuchtende Spur.

Oft habe ich mich gefragt, was diese eine, ewige Liebe ist – das starke Gefühl des Hingezogenseins zu einem Menschen.

Ich sehe Liebe als einen Ort, an den du gehst, um zu geben. Liebe ist mehr als nur drei Worte – sie ist nicht, was wir sagen, sondern wie wir sind. Liebe braucht dein ganzes Herz. Sie ist manchmal völlig mühelos und manchmal ein schwerer Weg.

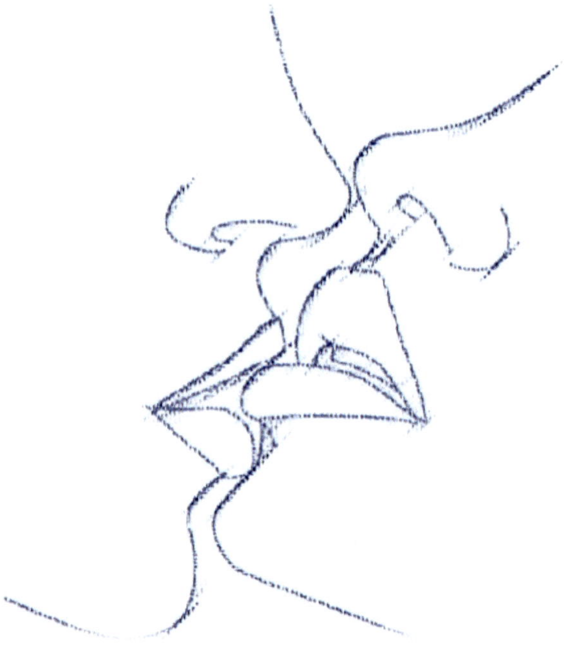

„Vertraute Fremde“

Vertraute Fremde

„Ich weiß nicht, wie alles angefangen hat, doch ich weiß: Die Zeit war schön“

Es war an einem frühen Sonntagmorgen, als ich mich auf den Weg nach Hamburg machte. An diesem Tag war ich zu einem Event einer Firma eingeladen und blieb dort für eine Nacht.

Direkt nahm ich den ersten Zug, da ich pünktlich sein wollte.

In Hamburg angekommen, wurde ich von einem Chauffeur abgeholt, der mich zum Hotel fuhr. Es war ein wunderschönes Hotel, fast wie ein Schloss.

Im Hotel angekommen, checkte ich ein. Ein netter Herr zeigte mir den Weg zu meiner Suite. Wir liefen eine Weile, als plötzlich ein Blatt aus meiner Aktentasche fiel. Ich bemerkte es und bückte mich, doch als ich mich wieder aufrichtete, stand vor mir ein großer Mann im Anzug. Er duftete unglaublich gut.

Ich richtete meinen Oberkörper auf, schaute ihm tief in die funkelnden Augen – sein Blick war verführerisch.

Er gab mir mein Blatt Papier. Ich bedankte mich bei ihm und ging weiter.

Im Zimmer angekommen, machte ich mich frisch und zog mich um. Dann ging ich direkt zum Event. Dort angekommen, herrschte eine unglaublich tolle Stimmung – es war ein wundervoller Abend.

Doch dieser Mann, der so ein unglaublich gutes Parfüm trug, ging mir nicht mehr aus dem Kopf. Den ganzen Abend fragte ich mich, wer er wohl war und ob er zufällig auch hier, auf diesem Event, war.

Spät abends, als das Event vorbei war, machte ich mich wieder auf den Weg ins Hotel. Ich ging durch die Lobby und lief einen langen Gang entlang. Es war still, die Menschen schliefen bereits tief und fest. Bevor ich die vielen Treppenstufen hinaufging, zog ich meine hohen Schuhe aus und nahm sie in die Hand – ich wollte nicht laut sein. Das Hotel hatte einen wundervollen Ausblick. Auf dem Weg in mein Zimmer kam ich an einem weiteren langen Gang mit einer schicken Lobby vorbei. Ich hielt kurz an, stellte meine Schuhe auf den Boden und lehnte mich mit beiden Armen aus dem Fenster. Nach vorne gebeugt, wollte ich noch etwas die schöne Aussicht genießen.

Nach einer Weile lief ich weiter in Richtung Suite. Doch plötzlich bemerkte ich, wie mich eine Hand zärtlich an der Hüfte berührte. Da war er wieder – dieser verführerische Duft. Ich wusste sofort, es war dieser Mann. Leise flüsterte er mir ins Ohr: „Hab keine Angst, es passiert dir nichts." Mein Herz raste, innerlich war ich völlig aufgewühlt. Ich wusste nicht, was mit mir geschah, doch da war es wieder – dieses Gefühl, und es war unglaublich anziehend.

Er sagte zu mir: „Entspann dich, es wird schön." Langsam merkte ich, wie er begann, meinen Hals zärtlich zu küssen. Ich spürte seinen warmen Atem auf meiner Haut, bis hin zu meinen Schultern.

Immer mehr drückte er seinen Körper an meinen. Dieses Gefühl, er machte mich verrückt. Nur wer war dieser Mann, der mich von jetzt auf gleich so in seinen Bann zog?

Er packte mich an der Hüfte und drehte mich zu sich. Als ich in seine Augen sah, spürte ich wieder diese starke Anziehung – ein warmes Gefühl, und ich ließ meinen Gefühlen freien Lauf.

Wir lächelten uns an. Meine Hände legte ich um seinen Hals, und wir küssten uns zärtlich, genossen den Augenblick. Doch irgendwie hatte ich schon Angst, mich zu verlieben.

Vertraute Fremde, die sich vielleicht nie wiedersehen.

Frag dich nicht, was richtig ist,

sondern frag dich, was du fühlst.

„Zuhause:
Wo wach bleiben schöner ist
als träumen“

Zuhause: Wo wach bleiben schöner ist als träumen

„Und weißt du, manchmal warten wir auf Wellen,

die nie kommen werden“

Kennst du das Gefühl, du sitzt zuhause und denkst über einige Dinge in deinem Leben nach?

Manchmal denke ich, es ist so merkwürdig, dass ich das erst jetzt begriffen habe.

Im Endeffekt warten wir auf Wellen, die sowieso nie kommen werden – und egal, ob das verrückt ist, lass uns alles tun, weil wir können, nicht weil wir müssen.

Denn der Sinn unseres Lebens ist das Leben selbst. Unser Leben ist kein Wartezimmer. Denk nicht zu viel nach und warte nicht zu viel ab.

Oft sitze ich abends wach und träume von zwei einsamen Inseln, versuche, auf einer zu stranden. Doch dann fühlt es sich wie Fallen an. Alles steht Kopf, die Welt verliert ihre Melodie, vergisst die Strophen.

Denn weißt du, an einem Ende der Welt geht das Licht an, und auf der anderen Seite wieder aus.

Genau wie deine und meine Gefühle: Wenn du Tränen unterdrückst, kommen sie bald wieder heraus.

Ja, genau wie dir geht es mir auch. Wir sind, wie wir sind. Menschen – alle so unterschiedlich und doch wieder so gleich.

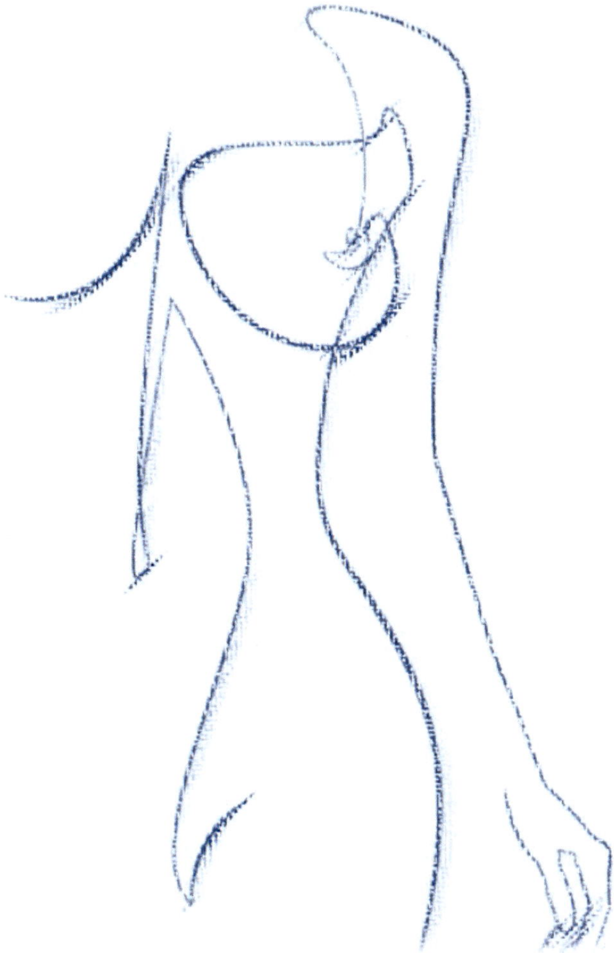

„Abtauchen“

Abtauchen

„Was wäre, wenn alle Gefühle auf einer einzigen Insel leben?“

Der Humor, die gute Laune. Auch der Stolz und der Reichtum. Die Traurigkeit und die Einsamkeit.

Das Glück und die Intuition, das Wissen und all die vielen anderen Gefühle.

Natürlich ist auch die Liebe hier zu Hause.

Was wäre die Insel, wenn sie kurz vor dem Untergang stehen und im Ozean versinken würde?

Würden sich all ihre Schiffe aufmachen und seeklar machen, um die Insel zu verlassen?

Doch was wäre mit der Liebe, wenn ihr Schiff gerade nicht seetauglich ist und sie bis zum letzten Augenblick warten wollte, weil sie so sehr an der Insel hing?

Was, wenn die Insel schon am Sinken war?

Wen würde die Liebe um Hilfe bitten?

Ich kann mich noch genau an diesen besonderen Tag erinnern.

Als ich im Englischen Garten in München nach Hause laufen wollte, mit einem Kaffee in der Hand, der zuvor auf meinem weißen Cashmere-Pullover gelandet war... Es war einfach nicht mein Tag!

Ich setzte mich auf eine Parkbank neben einen älteren Mann, daneben seine Frau. Er erzählte ihr eine Geschichte.

Er sagte zu ihr: „Weißt du, der Reichtum wollte gerade auf einem sehr luxuriösen Schiff in See stechen, da fragte die Liebe ihn, ob der Reichtum sie mitnehmen könne.

„Nein“, sagte er, „das geht nicht! Auf meinem Schiff habe ich sehr viel Gold, Silber und Edelsteine. Da ist kein Platz mehr für dich, Liebe.“

Also fragte die Liebe den Stolz, der auf einem großen und schön gestalteten Schiff vorbeikam…

„Stolz, bitte, kannst du mich mitnehmen?“

„Liebe, ich kann dich nicht mitnehmen“, antwortete der Stolz, „hier ist alles perfekt, und du könntest mein schönes Schiff beschädigen.“

Als nächstes fragte die Liebe die Traurigkeit: „Traurigkeit, bitte nimm du mich mit.“

„Oh Liebe, ich bin so traurig, dass ich allein bleiben muss“, antwortete die Traurigkeit.

Als die gute Laune losfuhr, war sie so zufrieden und ausgelassen, dass sie nicht einmal hörte, dass die Liebe sie rief.

Plötzlich aber rief eine Stimme: „Komm, Liebe, du kannst mit mir mitfahren.“

Die Liebe war so dankbar und glücklich, dass sie völlig vergaß, ihren Retter nach seinem Namen zu fragen.

Später fragte die Liebe das Wissen:

„Wissen, kannst du mir vielleicht sagen, wer es war, der mir geholfen hat“?

„Ja, sicher“, antwortete das Wissen, „es war die Zeit“.

Und als die Zeit die Liebe erstaunt fragte, warum genau sie ihr geholfen hat, sprach das Wissen: „Weil nur die Zeit versteht, wie wichtig die Liebe im Leben ist.“

Von diesem Augenblick an wusste ich, die Gefühle, die Zeit und auch die schlechten Momente viel mehr zu schätzen.

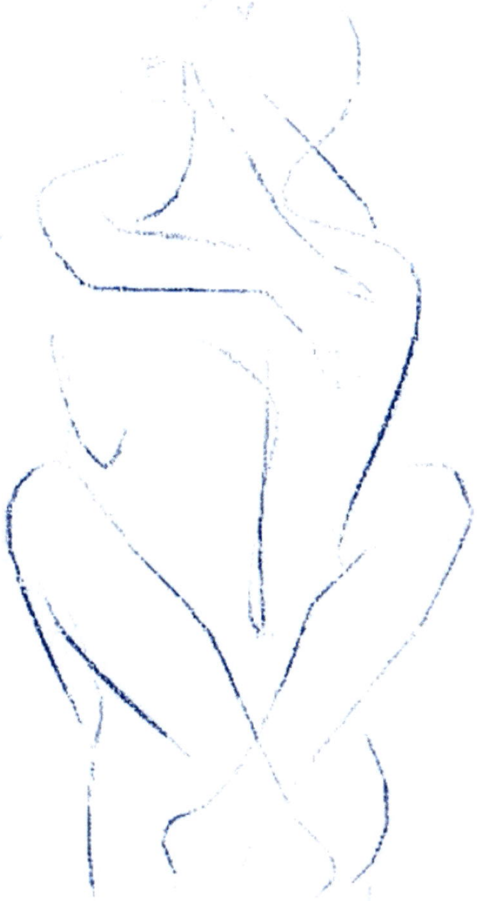

„Barfuß am Strand“

Barfuß am Strand

„Wo Menschen sind, gibt es Abschiede“

Ich ziehe die salzige, frische Luft tief in meine Lungen und genieße den feinkörnigen Sand, der meine Zehen umspielt. Endlich bin ich wieder da, wo ich hingehöre…

Die dunklen Wolken am Himmel kamen schnell näher, und es begann zu regnen. Ich ziehe meine Kapuze über. Vor ein paar Jahren, nicht weit von hier, gab es einen Reitstall.

Vielleicht ist das Glück auf meiner Seite und der Mann, dem er damals gehörte, arbeitet noch immer fleißig dort. Zehn Minuten später leuchteten meine Augen auf. Da ist er! Tatsächlich! Der Reitstall. Der Ort, an dem alles begann. Wo ich ihn traf…

Gedankenverloren nehme ich in einem kleinen Café daneben auf der Seite der Couch Platz und sehe aus dem Fenster. Der Reitstall ist neu, stelle ich fest, bevor ich zurück in die Zeit reise, in der ich so glücklich war.

Damals hatte ich eine schwere Trennung hinter mir. Ich trauerte, denn ich war fest davon überzeugt, dass ich diesen Mann von ganzem Herzen liebte. Wie unglaublich verliebt ich doch war.

Ich kann mich noch genau daran erinnern. Damals wollte ich einfach nur raus ans Meer. Vor mir erstreckte sich die Unendlichkeit, und die Sonne reflektierte spielerisch in allen Blautönen, die man sich vorstellen konnte. In diesem Moment wurde mir bewusst, dass ich hierhergehörte. Das Gefühl von Heimkommen erfüllte mich.

Ein paar sonnige Tage später saßen wir wieder im Café am Reitstall, das von einer charmanten, älteren Dame geführt wurde, die irgendwie einen Narren an uns gefressen hatte. Sie servierte uns Kuchen und Gebäck, die wir so nie bestellt hätten. „Ihr seid so dünn. Ihr müsst was auf die Rippen kriegen. Männer wollen was in den Händen haben“, sagte sie zu uns.

Wir verdrehten die Augen, denn wir waren stolz auf unsere schmalen Taillen – und ich selbst hatte nach der Trennung für das andere Geschlecht sowieso nichts mehr übrig.

Währenddessen verdunkelte sich der Himmel schlagartig. Für den Tag war zwar Regen angesagt, aber so schnell? Ich flüchtete unter die geöffnete Markise und drückte mich fest an die großen Glastüren, während der Regen meine nackten, sommergebräunten Beine berührte.

Plötzlich verlor ich den Halt und fiel nach hinten in eine Pfütze. Verwirrt sah ich mich auf dem Boden sitzend um, blickte hoch und wurde von zwei strahlend blauen Augen aufgefangen, die mich anlächelten.

„Entschuldige bitte", sagte eine männliche Stimme. „Eigentlich wollte ich mich als großer Retter erweisen. Doch dass der Wind so viel Kraft hat, habe ich wohl unterschätzt, als ich die Tür geöffnet habe."

Völlig verblüfft starrte ich ihn mit offenem Mund an.

Er strahlte Ruhe aus. Wann hatte ich mich das letzte Mal so geborgen gefühlt? Bei einem Fremden, wohlgemerkt? So ganz aus der Nähe betrachtet, waren seine Augen nicht nur blau. Nein, sie waren unglaublich attraktiv. Ich konnte mich nicht konzentrieren und kam ins Stottern. „Hallo, schön dich kennenzulernen."

Seine tiefe Stimme brachte mich um den Verstand.

Er lächelte mich an. In diesem Moment war es um mich geschehen. Es war wie in den kitschigen Liebesromanen, die ich als Jugendliche immer geschaut habe und von denen ich geträumt hatte.

Meine Freundin zeigte sich sehr verständnisvoll, nachdem ich ihr den groß gewachsenen, blond gelockten Mann mit den Traumaugen vorgestellt hatte.

Es folgten Spaziergänge am Strand und intensive Küsse, während die Sonne hinter uns im Meer verglühte. Was soll ich sagen? Die Zeit war unvergesslich schön. Aber die Realität holte mich viel schneller ein, als mir klar war, als ich merkte, wie mein Urlaub sich dem Ende neigte.

Nach drei wundervollen Wochen, in denen ich mit ihm mehr erlebt hatte als mit jedem anderen Mann zuvor, trennten sich unsere Wege wieder. Ich musste zurück zu meinem Job nach München, er musste wieder weiter.

Bei keinem anderen Mann danach war ich mir meiner Gefühle so sicher. Aber wie so oft kam das Leben dazwischen. Ein neuer Job, ein Wohnungswechsel, ein neuer Mann. Und irgendwann war diese traumhafte Zeit an der Ostsee so weit weg, dass nur noch ein unbeschreiblich schönes Gefühl zurückblieb.

Nur, weil es jetzt gerade schwierig ist,

bedeutet das nicht,

dass es nicht doch noch

schön werden kann

„Es ist vielleicht zu Ende,
aber noch nicht vorbei“

Es ist vielleicht zu Ende, aber noch nicht vorbei.

Kaum ein anderes Gefühl kennt so viele Facetten wie die Liebe. Weißt du, verliebt sein, jemanden lieb haben oder geliebt zu werden – all das sind so intensive Gefühle, dass man sie kaum in Worte fassen kann, obwohl man sie selbst schon erlebt hat.

Die Liebe geschieht im Bauch, im Herzen, im Kopf. Sie ist überwältigend. Je mehr man liebt, desto glücklicher wird man selbst.

Liebe ist das Erfühlen des Anderen mit der Seele, das Übergehen des Einen in das Andere. Wer sich der Welt aufgeschlossen zuwendet und seine Sinne öffnet, der liebt – und ja, das macht uns auch sehr verletzbar. So manches tiefe Empfinden wird zu Herzschmerz.

Ich weiß, wie du dich in solch einer Situation fühlst.

Die Liebe ist

ein Paradies der Gefühle.

Wenn du zu sehr an ihr festhältst,

verschwindet sie.

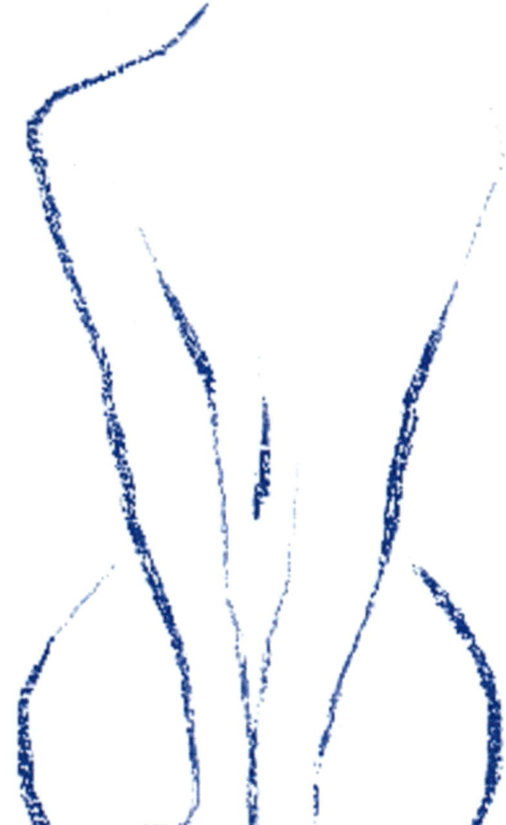

„Und dann bist da Du“

Und dann bist da Du.

Ich will dir sagen, dass das Gefühl, das du fühlst und spürst, du bist. Lass es zu! Es gehört zu dir. Schau, wohin es dich hinführen wird und vertraue darauf, dass es genau weiß, was dir guttut.

Verfolge es, egal wohin es dich führt.

Und sollte es irgendwann vorbeigehen, dann erinnere dich daran, dass es schön war.

Dass die Liebe hier war.

„Weil das Einfache unschlagbar ist“

Weil das Einfache unschlagbar ist.

Gefühle, die einfach erscheinen, wirken oft nicht echt. Sie sind kurz da und gehen wieder. Wie Sternschnuppen in der Nacht – oft wollen wir die schönen Gefühle behalten, doch wir können sie nicht fangen, weil sie nicht bleiben. Andererseits wollen wir unsere schlechten Gefühle erst gar nicht zulassen. Sie sollen schnell wieder verschwinden, so schnell wie die Sternschnuppe fliegen kann.

Doch weißt du, ich verrate dir ein Geheimnis: Negative Gefühle sind viel wichtiger, als man denkt, um sie durchlebt zu haben. Warum erzähle ich dir das? Es ist wichtig, mit Trauer, Enttäuschung und Leid zu lernen, umzugehen. Auch wenn das im ersten Moment nicht immer leicht erscheint, werfen mich diese Gefühle auch hin und wieder aus der Bahn.

Das ist völlig normal. Wichtig ist, sie einzufangen und mit ihnen umzugehen, auf sie einzugehen, sie zu hinterfragen und ihnen zu helfen, sich zu entfalten. Das braucht Zeit.

Stell dir vor: In einem Universum voller negativer Gefühlssternschnuppen würdest du sicher keine einfangen wollen. Du machst dich auf die Suche und willst nur die positiven, glücklichen Sternschnuppen einsammeln. Doch wenn du alle glücklichen Sternschnuppen einsammeln würdest, hättest du nur die schlechten im Universum und wüsstest überhaupt nicht, wie du mit ihnen umgehen sollst.

Wenn du meinen Weg befolgst, jedes einzelne schlechte oder negative Gefühl im Universum einsammelst, es annimmst, so wie es gerade ist, und ihm hilfst, sich in etwas Gutes zu verwandeln, werden sich wieder viele positive Gefühlssternschnuppen in deinem Universum sammeln, die du einsammeln kannst. Das ist der Kreislauf unseres Lebens – er wird immer wieder passieren, doch...

Du hast einen Weg gefunden, um dir zu helfen.

„Abende“

Abende

Die Musik spielte, es war wirklich ein wunderschöner Sommerabend in Spanien. Am Tisch daneben wurde gelacht und getanzt, fleißig wurden Adressen ausgetauscht oder viel zu viel Wein getrunken.

Ich machte mich mit meinen Freundinnen auf zur Tanzfläche. Wir hatten eine Menge Spaß, lachten und tanzten zusammen. Die Sonne ging langsam unter, und an diesem Abend hatte sie ein besonderes Rot.

Nach einer Weile tauchte ein junger Mann auf der Tanzfläche auf. Den hatte ich die letzten Stunden am Tisch daneben immer wieder gesehen – seine tiefen Blicke verfolgten mich. Auch auf dem Weg zur Toilette kam er mir entgegen und grinste mich an. Ich lächelte zurück.

Er nahm meine Hand und legte sie in seine. Mit einer sanften Bewegung führte er meine Hand zu seiner Hüfte, die andere, flach ausgestreckte Hand, legte er in meine. Unsere Finger spreizten sich kurz, bis sie sich ineinander schlossen.

Mit einem angewinkelten Arm begannen wir langsam zu tanzen. Die Tanzfläche füllte sich. Unsere Körper schmiegsamen sich aneinander, während wir sanft zu den Klängen des Rhythmus wiegten. Wir tanzten in unserer eigenen Welt, ließen die Musik um uns herum verschwimmen und legten schließlich unsere Köpfe an die Schultern des anderen.

Er umfasste meine Hüfte und wir träumten uns in den Traum ohne Zukunft.

„Die Geschichte meiner Gefühle“

Die Geschichte meiner Gefühle

„Wieder schleicht es sich von hinten an und fragt mich, ob es helfen kann.“

Wir lieben, wir hassen einander, sind wütend aufeinander, traurig, aber auch glücklich miteinander. Weißt du, all deine Gefühle haben eine verantwortungsvolle Aufgabe in deinem Leben, auch in meinem. Ich habe mir das immer so vorgestellt wie eine eigene Rangfolge – jedes meiner Gefühle wusste um seinen Platz und seine Bestimmung.

Die Liebe in dir, und ja, glaub mir, egal was in deinem Leben passiert, pass immer gut auf sie auf. Sie ist die größte und beliebteste, immer für dich da, auch wenn sie sich manchmal versteckt. Sie hat ein offenes Ohr und ein gutes Herz.

Als ich lernte, dankbar zu sein – und das ist wirklich einfacher, als man denkt – erreichte ich die größte Zufriedenheit. Jeden Morgen, wenn ich aufwache, jeden Abend, wenn ich ins Bett gehe, bin ich dankbar für den heutigen Tag, für meine Gesundheit, für das

Hier und Jetzt. Dankbar für ein Zuhause, ein Dach über dem Kopf, für frisches Wasser und gutes Essen. Ich bin sehr dankbar für die kleinen Dinge im Leben – die wirklich wichtigen Dinge!

Lange Zeit lebte ich harmonisch und ausgewogen, doch dann kamen Zeiten, die wie ein Wirbelsturm waren. Manchmal wusste ich nicht einmal, was gerade mit mir geschah. Die Sorgen wurden zu groß. Wie es oft der Fall ist, kam auch der Kummer – und ich glaube, es gibt nichts Schlimmeres. Doch schnell trat der Trost ein, und die Schwere wurde wieder von der Leichtigkeit getragen.

In diesem Sinne halfen meine Gefühle einander, wenn sie sich brauchten. Sie waren immer füreinander da, immer und immer wieder. Ich konnte mich stets auf sie verlassen. Manchmal brauchte es zwar Zeit, besonders bei Kummer oder Schmerz, aber alles geht vorbei. Es ist wichtig, deine Gefühle zuzulassen und sie nicht zu verdrängen.

Doch es gab Momente, in denen ich feststellte, dass meine Gefühle ihre Aufgaben nicht mehr bewältigen konnten. Sie wurden immer häufiger von Menschen unterdrückt und kamen seltener zum Vorschein. Stattdessen erhielten andere, oft negative Gefühle, mehr und mehr Macht, bis sie die Oberhand gewannen.

Wenn wir ehrlich sind, haben heutzutage das Materielle, das Laute und das Schnelle einen immer größeren Stellenwert. Meistens sprechen wir über das „Schlechte“ und seltener über das „Gute“. Viele von uns haben Schwierigkeiten, das Gute vom Schlechten zu unterscheiden. Hass, Wut, Neid, Ärger, Eifersucht, Gier, Angst und Sorge – all diese negativen Gefühle gewinnen immer mehr an Stärke und treiben uns dazu, ständig überfordert zu sein, um unsere Anforderungen zu bewältigen. Die positiven Gefühle wurden dabei zunehmend vergessen und kaum noch wahrgenommen.

Trotz allergrößter Anstrengungen wurden meine positiven Gefühle wie Liebe, Dankbarkeit, Glück, Freude und Leichtigkeit leider immer mehr verdrängt. Das Gleichgewicht zwischen meinen Gefühlen stimmte einfach nicht mehr.

Meine Angst und Verzweiflung wuchsen, die Traurigkeit, die Wut und die Verurteilung in mir machten den Hass für alles verantwortlich. Als alle meine Gefühle fast restlos überfordert waren und die Dunkelheit überhandnahm, da sprach die Hoffnung auf einmal das entscheidende Machtwort.

Denn eins habe ich gelernt: Alles, was mit **Liebe** geschieht, ist immer gut! Ich habe verstanden, dass die Liebe mein stärkstes und mächtigstes Gefühl ist.

Und **Dankbarkeit**? Sie steht für mich ganz oben. Denn wenn du dankbar bist, ziehst du immer mehr an, für das du dankbar sein darfst.

Auch meine **Hoffnung** bekam wieder ihren Platz. Ja, ich weiß, wie es sich anfühlt, wenn man glaubt, dass sie längst verschwunden ist. Wenn du hoffen kannst, gibst du nicht so schnell auf.

Das Glück, meine Freude an allem und die Leichtigkeit bekamen wieder ihren bedeutenden Stellenwert, und meine Traurigkeit war manchmal so müde, dass sie sich mit der Erkenntnis zurückzog, dass auch sie wichtig ist. Denn nur wer fähig ist, manchmal traurig zu sein, ist auch fähig, zu lieben und glücklich zu sein.

Als es mir gelang, meine Angst und Sorge in den Hintergrund zu rücken – wohl wissend, dass sie schnell wieder an die Oberfläche kommen könnten, wenn ich sie nicht im Griff behielt – fand auch meine Verzweiflung ihren Weg zurück zur Hoffnung.

Deine Gefühle regieren deine Welt, und das wird immer so bleiben. Wenn du es zulässt, deine Gefühle wahrzunehmen und jedem Gefühl seinen angemessenen Platz gibst, wirst du erkennen, dass das Leben ein Geschenk ist.

„Verwirrt zwischen allem und nichts“

Verwirrt zwischen allem und nichts

„Gefühle sind so schön, doch tun sie uns oft weh.

Wenn sie kommen, wenn sie gehen, keine Chance,

sie zu verstehen“

An einen Sommerabend erinnere ich mich noch genau. Es war noch etwas hell, doch die Luft wurde bereits kälter. Es war ruhig, und doch konnte man das Rauschen der Wellen deutlich hören. Ich erinnere mich an diesen Abend – er war schön, obwohl wir anfangs nicht viel miteinander gesprochen haben. Ich erinnere mich an die anderen, an ihr Lachen. Und daran, dich gesehen zu haben.

Du hast mir dieses Angebot, diesen Vorschlag gemacht. Ich habe sofort eingewilligt. Wir gingen den Strand entlang, redeten. Du hast mich angesehen, ich habe dich angesehen. Mir war klar: Gleich ist es so weit. Du sagtest, die Entscheidung läge bei mir – doch du wusstest nicht, dass meine Entscheidung längst gefallen war. Sie stand fest von dem Moment an, als ich dich das erste Mal sah. Bis dahin war es nur ein Traum.

Zuerst hast du auf deiner Gitarre gespielt und mich mit deinen tiefblauen Augen angesehen. Dann kamst du mir ganz nah, deine Arme umschlangen meinen Körper. Es ging ganz schnell. Dann deine Lippen auf meinen, deine Zunge berührte meine. Ich legte meine Arme um dich. Eine tiefe, innere Ruhe ging von dir aus.

Ich war entspannt. Fehler waren mir egal. Ob uns jemand sah, war mir egal. Ich war seit Langem wieder glücklich – und nicht nur nach außen hin. Und plötzlich bemerkte ich die Stille. Es war nicht einfach ruhig, sondern vollkommen still. Keine Autos, keine Menschen, kein Wind – nichts außer meinem Herzschlag, der mir bis zum Hals schlug.

Es war perfekt, diese Stille – so friedlich. Als gäbe es nichts Schlechtes mehr auf dieser Welt. Es war so wunderschön, ein völlig neues Gefühl. Man kann es nicht beschreiben, denn dafür fehlen einfach die Worte.

Und ich werde es nie vergessen. Weder deine Lippen auf meinen, noch deine Hände an meinem Körper, noch deine wundervolle Stimme – und erst recht nicht dieses unbeschreiblich gute Gefühl.

Immer wenn ich heute noch daran denke, bin ich verliebt. Verliebt in das Gefühl, in die Momente, in das Leben.

Ich weiß nicht, was das zwischen uns ist. Irgendetwas zwischen allem und nichts. Liebst du mich? Liebe ich dich? Weiß ich überhaupt, was Liebe ist?

Ich bin verwirrt. Habe keine Ahnung, was Liebe – oder du – für mich bist. Auf jeden Fall liegt es zwischen allem und nichts. Ich bin verwirrt. Verwirrt wegen allem und nichts.

„Gefühle der Gedanken“

Gefühle der Gedanken

„Wenn ich hätte denken dürfen,

dann hätte ich's mir gedacht“

Was denkst du gerade? Denkst du überhaupt, oder lässt du lieber denken?

Manchmal muss man ja gar nicht mehr selbst denken – zumindest, wenn es darum geht, sich eine eigene Meinung zu bilden. Aber manche Meinungen sind auch völlig gedankenlos.

Wenn wir ehrlich sind, sollten wir viel öfter auf die Meinung anderer verzichten und unsere Gedanken selbst denken.

Doch was sind unsere Gedanken überhaupt wert, wenn wir nie wirklich gedacht haben?

Neulich habe ich jemanden kennengelernt, der „falsche Fehler" gemacht hat. Da habe ich mich gefragt: Waren sie dann eigentlich richtig? Oder erst so richtig falsch? Oder hat die Person einfach nicht gedacht?

Und dann gibt es ja diesen Spruch: „Denke nicht, gedacht zu haben, denn das Denken der Gedanken ist gedankenloses Denken."

Muss man seine Gedanken erst gewinnen? Oder ist das Gedankenlose dafür da?

Meine Lieben, die Sache mit den Gedanken ist wirklich ein riesengroßes Gedankenspiel. Vielleicht sollten wir uns viel mehr in alles hineinfühlen, anstatt zu viel zu denken.

„Kompass deiner Gefühle“

Kompass deiner Gefühle

Wenn du mich fragst, sind Gefühle Empfindungen, die einfach da sind. Du kannst sie nicht bewusst beeinflussen – sie entstehen in bestimmten Situationen von selbst.

Das schönste Gefühl ist die Freude. Ohne dass du es erklären kannst, breitet sich ein warmes Gefühl in deinem Körper aus, und du fühlst dich mutig und stark.

Doch es gibt auch Momente, in denen du Angst empfindest. Dann bereitet dein Körper sich instinktiv auf eine Flucht vor. Dieser Fluchtinstinkt war für unsere Vorfahren überlebenswichtig – und auch heute steckt er noch tief in uns.

Meine Gefühle sind wie ein **innerer Kompass**, der mir hilft, Situationen einzuschätzen. Jedes Gefühl hat seine Bedeutung. Du darfst glücklich und neugierig sein, aber auch traurig, wütend oder ängstlich. Mit jedem Gefühl lernt dein Körper etwas Neues dazu.

Stell dir eine lange Reihe von Dominosteinen vor. Sobald der erste Stein fällt, löst er eine Kettenreaktion aus – genau so funktioniert es mit deinen Gefühlen. Du siehst, hörst, riechst oder schmeckst etwas, und in dir wird eine Reaktion ausgelöst.

Um es dir einfacher zu erklären: Stell dir vor, du freust dich auf etwas, das du schon lange geplant hast. Du erlebst die Situation mit all deinen Sinnen – du siehst, hörst und riechst, was um dich herum passiert. Dein Gehirn erkennt die Situation, weil du sie in ähnlicher Form schon einmal erlebt hast, und weiß, dass du dich freust. Gleichzeitig spürst du aber auch Aufregung.

Deshalb lachst du, während dein Herz etwas schneller klopft. Vielleicht fühlst du auch ein leichtes Ziehen im Bauch. So reagiert dein Körper auf Gefühle und trainiert dabei dein Gehirn.

Ja, **alle deine Gefühle sind wichtig**. Natürlich mögen wir angenehme Gefühle lieber, doch auch Trauer, Wut oder Enttäuschung haben ihre Bedeutung. Damit dein Gehirn sie abspeichern und daraus lernen kann, musst du sie zulassen.

Deine Gefühle schützen dich zudem vor Gefahren. Wenn du in einer bestimmten Situation Angst verspürst, schlägt dein Herz schneller, und dein Körper signalisiert dir, dass etwas nicht stimmt. Instinktiv wirst du vorsichtiger, bis dein Kopf und dein Körper dir mitteilen, dass du wieder sicher bist.

Egal ob positive oder negative Gefühle – es ist schön, sie mit anderen zu teilen. Gefühle sind wie ein innerer Kompass, der dir hilft, Situationen einzuschätzen. Sie lösen körperliche Reaktionen wie Bauchschmerzen oder Herzklopfen aus und erinnern dein Gehirn an ähnliche Erlebnisse. All das geschieht automatisch. Deshalb ist es wichtig, über deine Gefühle mit lieben Menschen zu sprechen.

„Das Ding mit dem Gefühl“

Das Ding mit dem Gefühl

„Vielleicht fällt es dir leichter, deine Stimmung herauszufinden, deine Gefühle zu verstehen“

Nicht die Dinge selbst beunruhigen die Menschen, sondern ihre Meinung über die Dinge. Wenn wir also auf Schwierigkeiten stoßen und in Unruhe geraten, sollten wir die Schuld nicht bei anderen suchen, sondern bei uns selbst – genauer gesagt bei unserer eigenen Wahrnehmung und Bewertung der Dinge.

Anders ausgedrückt: Du fühlst, wie du denkst. Es ist deine persönliche Einschätzung einer Situation, die entscheidet, wie du dich fühlst. Nur so ist es möglich, dass zwei Menschen dasselbe erleben und dennoch völlig unterschiedlich darauf reagieren.

Jedes Mal, wenn du traurig, verärgert, froh, eifersüchtig, neidisch oder ängstlich bist, hast du zuvor etwas wahrgenommen – vielleicht hast du etwas gesehen oder gespürt, dich an vergangene Ereignisse erinnert oder dir zukünftige Situationen vorgestellt.

Anschließend hast du diese Eindrücke – bewusst oder unbewusst – als positiv, neutral oder negativ bewertet.

Diese Bewertung bestimmt dann dein Gefühl, deine körperlichen Reaktionen und dein Verhalten.

Fühlst du dich traurig, verärgert oder ängstlich, beginnt dein Herz schneller zu schlagen. Du fängst an zu schwitzen, atmest hastig, zitterst vielleicht. Dein Verhalten folgt diesem inneren Zustand – du vermeidest die Situation, schreist herum oder versuchst, dich mit einem Drink zu beruhigen.

Das ist die versteckte Logik hinter unseren Gefühlen – es sei denn, wir stehen unter Drogen oder sind geistig krank.

Merke dir:

- Negative Gedanken führen zu negativen Gefühlen.
- Positive Gedanken führen zu positiven Gefühlen.
- Neutrale Gedanken führen zu neutralen Gefühlen.

Es sind also meine negativen Gedanken, die mich deprimieren, ärgerlich machen oder ein Gefühl von Minderwertigkeit und Schuld auslösen.

Es sind meine positiven Gedanken, die mich glücklich machen, mich Liebe empfinden lassen und für Zufriedenheit sorgen.

Es sind meine neutralen Gedanken, die mich ruhig und ausgeglichen halten und mir helfen, einen kühlen Kopf zu bewahren.

Das ist der Schlüssel zum Verständnis meiner Gefühle – und vielleicht auch dein Schlüssel zu deinen eigenen.

Oft habe ich mich gefragt: Wie muss ich denken, um mich so zu fühlen und zu verhalten, wie ich es möchte?

Ich weiß, dass das Ändern von Einstellungen Zeit braucht – es geschieht nicht über Nacht. Deshalb achte ich bewusst darauf, meine negativen Gedanken immer wieder zu korrigieren.

Ja, ich merke bis heute, wie wichtig es ist, Geduld und Ausdauer zu trainieren. Denn was schnell kommt, geht auch schnell wieder vorbei.

„Das Gedankenspiel der Gefühle“

Das Gedankenspiel der Gefühle

„Das Zulassen meiner Gefühle ist für mich der essentielle Umgang mit Gefühlen“

Dein Gefühl ist das Bewusstwerden einer vorangegangenen Emotion. Es ermöglicht dir eine – vielleicht sogar überlebenswichtige – Reaktion auf ein Problem, das sich zunächst unbewusst in einer Emotion geäußert hat.

Die meisten von uns kennen dieses innere Gespräch, in dem wir uns ausmalen, was wir jemandem sagen werden – ein Gefühl, das mit unseren Gedanken spielt.

Kennst du das Gefühl, fehl am Platz zu sein? Es ist ein subtiles, aber anhaltendes Empfinden. Während du dich in deinem eigenen Zuhause wohlfühlst, fällt es dir an fremden Orten schwer, dich einzufügen. Oder das Gefühl, endlich in der Zukunft angekommen zu sein, aber nicht in der Lage zu sein, deinem früheren Ich mitzuteilen, wie sich alles entwickelt hat? Manchmal wirst du dir plötzlich des rhythmischen Schlages deines eigenen Herzens bewusst, das unaufhörlich in deiner Brust schlägt, ohne dass du es zuvor bemerkt hast.

Manche Menschen genießen den Regen, während andere es beruhigend finden, während eines Gewitters drinnen zu sein, dem sanften Prasseln zu lauschen und sich in der Stille geborgen zu fühlen. Ein intensives Gefühl kann auch ein Traum von einer Katastrophe sein – das Überleben eines tragischen Unfalls oder das knappe Entkommen aus einer gefährlichen Situation.

Wir alle haben schon einmal jemanden kennengelernt und uns später gefragt, warum wir nicht schon früher eine tiefere Verbindung aufgebaut haben.

Das Gefühl der Erschöpfung, das dich überkommt, wenn du immer wieder mit denselben Problemen kämpfst, die dich schon so lange belasten.

Kennst du das Gefühl, ständig das Gefühl zu haben, etwas falsch zu machen, egal, was du tust? Selbst wenn du eigentlich weißt, dass es richtig ist, zweifelst du dennoch an dir.

Manchmal begegnest du einem Fremden auf der Straße und erlebst einen flüchtigen, aber bedeutungsvollen Moment – eine unerwartete Verbindung mit jemandem, den du vielleicht nie wiedersehen wirst. Doch für einen kurzen Augenblick fühlst du dich weniger allein.

Oder das Gefühl, ein verborgenes Talent zu besitzen – vielleicht nichts Außergewöhnliches, aber etwas, das dir immer ein gutes Gefühl gibt. So wie der Moment, in dem du eine talentierte Person beobachtest oder weißt, dass dein Freund oder deine Freundin eine besondere Fähigkeit hat, die nur wenige kennen.

„Gefühle wollen einfach
nur gefühlt werden“

Gefühle wollen einfach nur gefühlt werden

„Den Zugang zu unseren Gefühlen endlich zu stärken, ist eine Herzensangelegenheit“

Vor allem, wenn du ein Mensch bist, der viel im Kopf ist und sich in der Welt der Gedanken zu Hause fühlt, kann der Zugang zu deinen Gefühlen Balance bringen – und damit auch inneren Frieden und Heilung.

Meine Gefühle sind im Grunde das Gegenteil meiner Gedanken, auch wenn sie miteinander in Wechselwirkung stehen (Gefühle lösen Gedanken aus und Gedanken wiederum lösen Gefühle aus). Vielleicht ergeht es dir genauso.

Falls du einmal in einer Situation bist, in der du deine Gefühle nicht genau beschreiben kannst, helfen dir die folgenden Grundgefühle. Gehe sie nacheinander durch und fühle hinein, welches am ehesten deiner aktuellen Stimmung entspricht: Freude, Überraschung, Wut, Ekel, Furcht, Verachtung, Trauer.

Viele Menschen empfinden ein unangenehmes Gefühl und reagieren darauf mit Angst – und zwar der Angst vor der Angst. Es ist wichtig, deine inneren Verstrickungen zu erkennen, denn letztlich möchte jedes Gefühl einfach nur gefühlt werden.

Der fatale Fehler, den wir machen können, ist, dass wir lieber eine oberflächliche Freude suchen, anstatt uns den grundlegenden Emotionen zu widmen. Aus der Perspektive der Gefühle ist es vermessen, sie zu bewerten und nur die Freude zu bevorzugen.

„Jedes Gefühl ist gleich wichtig und wertvoll“

Jedes Gefühl ist gleich wichtig und wertvoll

„Erst wenn du alles da sein lässt und jedes deiner Gefühle durchfühlst, kommst du in die innere Balance"

Ich weiß, das klingt fast unmöglich, ist es aber nicht. Auf diesem Weg kannst du eine authentische und herzliche Freude erfahren und ausstrahlen.

Du kennst das – ein einzelner Sonnenstrahl oder ein Moment mit deinem Lieblingsmenschen kann bereits ausreichen, um dich zu verzaubern.

Wenn du jedoch nicht in der Lage bist, dich an den kleinen Dingen des Lebens zu erfreuen, liegt das oft an unterdrückten Gefühlen, die nur darauf warten, endlich gelöst und gefühlt zu werden.

Deshalb macht es Sinn, den Schmerz der Trennung zu durchfühlen und vielleicht für eine kurze Zeit zu weinen. Wenn du die Trauer vollständig fühlst, ist der Raum wieder frei für dich und deine Freude.

Alle deine Gefühle haben ihren Sinn und ihre Wichtigkeit.

Der Sinn dieser Gefühle ist, dass sie uns dazu anregen, unser eigenes Verhalten zu hinterfragen und uns in unserer Beziehung zu anderen Menschen zu reflektieren. Sie fordern uns auf, unsere Position in der Gruppe zu korrigieren, damit wir uns nicht durch egoistische Verhaltensweisen isolieren, sondern lebendig und menschlich in Kontakt mit unserer Umwelt bleiben.

Wie mit allen Gefühlen ist es auch hier besonders wichtig, sie einfach zu fühlen.

Unterdrückte Gefühle schränken unsere Lebendigkeit ein und wirken wie ein schwerer Stein, den wir ständig hinter uns her schleifen. Sie können sogar dazu führen, dass wir gar keine Emotionen mehr entwickeln oder empfinden.

Der Weg ist also einfach: Fühle das durch, was gerade da ist. Auch wenn es einfach klingt, ist es nicht leicht.

Ich weiß, oft gibt es eine große Angst vor den Gefühlen, weil sie uns nicht geheuer sind. Doch das ist eine ganz natürliche Reaktion, und jeder Mensch ist davon betroffen.

Für die meisten von uns sind Gefühle ein fremder und mystischer Bereich des Lebens. Es fällt uns leichter, diesen Bereich zu meiden und das Fühlen zu vermeiden. Aber tief im Inneren wissen wir, dass das keine Lösung ist.

Um dich mit deinen Gefühlen zu verbinden, kann es helfen, Bilder aus Erinnerungen zu nutzen, die zu deinem Gefühl passen. Diese Bilder können aktives Denken hervorrufen und sind Teil des Prozesses der Verarbeitung. Versuch es mal: Schaue dir diese Bilder einfach nur an und bleibe mit deiner Aufmerksamkeit bei deinem Gefühl.

Oft stecken wir unsere Gefühle in Schubladen, weil sie unangenehm sind oder wir nicht wissen, wie wir damit umgehen sollen. Dabei sind Gefühle an sich keine Bedrohung, im Gegenteil – sie sind wertvoll. Du musst dich nur mit ihnen auseinandersetzen, so wie mit allem anderen in deinem Leben. Du wirst sehen, auch in den Schubladen deiner Gefühle wird wieder Ordnung einkehren.

Ich möchte meine Geschichten mit dir teilen, die mir im Laufe der Zeit passiert sind, um dir einige Gefühle zu verdeutlichen.

So kannst du erkennen, wie viele Gefühle uns tatsächlich jeden Tag begegnen und wie du am besten mit ihnen umgehen kannst.

Die Gefühlswelt unseres Gedächtnisses und unserer Phantasie ist eigentlich gar nicht so schwer zu verstehen.

Du kannst versuchen, unangenehme Gefühle zu vermeiden oder auszublenden.

Zur Vermeidung von Gefühlen, die wir nicht wahrhaben wollen, betreiben wir oft einen erheblichen Aufwand.

Sicherlich ist dir das bekannt: Der Versuch, unangenehme Gefühle aus deinem Bewusstsein zu verbannen, hat spürbare Nebenwirkungen.

Zum einen kostet es viel Energie, denn je mehr du versuchst, bestimmte Gefühle zu vermeiden, desto stärker drängen sie sich auf. Jedes Gefühl, das du verdrängst, stellt sich hinten wieder an.

Traue Dich, deine Gefühle anzunehmen, wie sie sind.

Um im Gleichgewicht zu bleiben, ist es wichtig, alle Gefühle so anzunehmen, wie sie sind. Viele Menschen glauben, dass bestimmte Gefühle unerträglich sind. Sie denken, ein Gefühl könne stärker sein als sie selbst, und sie vermeiden eine Begegnung damit, aus Angst, durch die Wucht des Gefühls Schaden zu erleiden.

Doch Schaden entsteht nicht durch das Gefühl selbst, sondern durch die unzulängliche Art, damit umzugehen.

Gefühle sind Reaktionen auf die Vorstellungen, die du dir von der Wirklichkeit machst. Da es deine eigenen Reaktionen sind, können sie nicht stärker sein als du.

„Dein inneres Gefühl“

Dein inneres Gefühl

„Wer strahlt, wird zurückgestrahlt“

Ich weiß nicht, wie es dir geht, aber ich habe mich schon oft gefragt, welches Bild du als Mensch nach außen gibst. Freundlich, höflich, selbstbewusst, stark? Manchmal ist es jedoch der krasse Gegensatz zu dem, was tief in deinem Inneren wirklich vor sich geht.

Welche Gefühle oder Enttäuschungen sitzen tief in dir? Es erfordert immer noch viel Mut, einfach wir selbst zu sein. Besonders in einer Welt, in der wir unsere inneren Werte oft nicht zeigen und uns hinter Fassaden verstecken. In einer Welt, in der Schönheit, Erfolg und Geld oft mehr zählen als unser wahres Inneres – zumindest scheint es so.

Niemand möchte Schwäche zeigen, aus Angst davor, zu offenbaren, wer wir wirklich sind. Denn ständig wird nur von Stärke gesprochen.

Trau dich, du selbst zu sein – mit all deinen Stärken und Schwächen. Weißt du, wie wunderschön du bist? Die Suche zu dir selbst ist viel wichtiger als die Antwort. Sei mutig und zeig deine innere Schönheit, dein wahres Gefühl von Liebe und Glück.

Deine stärkste Emotion ist die Liebe. Dein stärkstes Gefühl jedoch ist die Angst.

Liebe ist kein Gefühl, sie ist eine Emotion, die du fühlst.

Deine Emotionen sind die Erfahrung als Stimmung.

Deine Gefühle sind Emotionen.

Deine Emotionen werden im Gehirn verankert.

Sie haben Einfluss auf dein Leben.

„Gefühle in unserem Körper“

Gefühle in unserem Körper

Doch wo genau sitzen sie, unsere Gefühle?

Wir alle kennen das Gefühl von Ekel. Die Grundlage für Ekel ist uns allen angeboren, und er sitzt in unserem Hals und Kehlkopf. Wenn du Ekel spürst, lass es zu und geh an die frische Luft.

Das Gefühl der Furcht sitzt im oberen Bereich unseres Körpers. Wir fürchten uns vor Dingen, die uns bedrohen und Angst machen. Oft sind es die Dunkelheit oder unvorhersehbare Ereignisse, vor denen wir uns fürchten – wie zum Beispiel der Abgrund. Wenn du Angst verspürst, atme tief ein und aus – das beruhigt. Atme vier Sekunden ein, halte für sechs Sekunden die Luft an und atme dann acht Sekunden aus.

Im Gegensatz zur Furcht sitzt das Gefühl der Freude in unseren Fingern, im Kopf und auch in den Füßen. Freude bedeutet, jeden Tag gesund aufzuwachen.

Freude ist Dankbarkeit. Es ist ein intensives, positives Gefühl – eine echte, ehrliche, erwartungsvolle, herzliche, innige, strahlende und tiefe Freude. Es gibt verschiedene Arten von Freude, wie zum Beispiel Vorfreude, Spielfreude, Freude an der Liebe, aber auch Schadenfreude. Schadenfreude ist ein merkwürdiges Gefühl, jemanden auszulachen, weil etwas schiefgegangen ist – wie etwa der Kaffee, den du auf dein Hemd verschüttet hast. Diese Erfahrung ist oft mit einem Schuldgefühl verbunden. Ob jemand Schadenfreude empfindet oder Mitgefühl mit dir hat, hängt davon ab, wie die Beziehung zu dieser Person ist.

Diese Handlung basiert oft darauf, dass die Person es „verdient“ hat, sich beispielsweise den Kaffee über die Hose zu schütten. Das führt dazu, dass du dich in dem Moment mit ihr vergleichst und deinen eigenen Selbstwert steigerst, um besser dazustehen. Es hat viel mit deinem Ego zu tun.

Wenn die betroffene Person das mitbekommt, kann sie sich traurig fühlen. Unsere Trauer sitzt in den Gliedmaßen und ist ein Gefühl, das wir zulassen müssen, um es auszuleben. Deine innere Stärke ist so stark, dass sie dich sehr gut aus der Trauer herausholen kann. Manchmal dauert es eine Weile. Rede mit Menschen, die dir wichtig sind, finde zu dir selbst und wenn es nicht besser wird – was auch passieren kann – hol dir Unterstützung.

Im Gegensatz zur Trauer ist die Liebe ein Gefühl, das sich warm und herzlich anfühlt. Sie sitzt in unserem Kopf und Oberkörper, vor allem in der Körpermitte, wo sich ein angenehmes, wohltuendes Gefühl ausbreitet. Liebe ist eines der schönsten Gefühle. Sie lässt dich Gutes tun und gibt den Menschen um dich herum ein tiefes Gefühl der Geborgenheit und des Geliebtwerdens.

Durch die Liebe werden Menschen auch fröhlich. Fröhlichkeit durchströmt unseren gesamten Körper und zieht magisch an.

Gefühle können uns krank machen.

Sie können aber auch stärken und heilen.

Verändere deine Gedanken, dann deine Gefühle.

Das gefährliche Spiel mit Gedanken und Gefühlen

Gedanken – Verhalten – Gefühle: So, wie du denkst, so verhältst du dich, und so gibst du deine Gefühle ab.

Deshalb ist es entscheidend, richtig zu denken und vorher zu überlegen, wie du dich in bestimmten Situationen verhalten solltest, bevor du ein Gefühl entwickelst.

Oft haben wir nicht die richtigen Gedanken und verhalten uns daher falsch, was wiederum zu Missverständnissen und Konflikten führen kann.

Es ist wichtig, erst zu handeln, wenn wir gut darüber nachgedacht haben, um unsere Gefühle und Emotionen unter Kontrolle zu haben.

Du kannst dich selbst steuern.

Das ist wichtig und wertvoll.

„Gefühle und Bedürfnisse“

Gefühle und Bedürfnisse

Ich habe dir eine Liste von Gefühlen zusammengestellt, die du je nach Bedarf in jeder Situation fühlen und wahrnehmen kannst.

Setze dich bequem hin, atme dreimal tief ein und aus. Nimm die Geräusche um dich herum bewusst wahr und spüre den Boden unter deinen Füßen. Fühlst du den Teppich, das Parkett oder vielleicht die Wiese? Höre die Geräusche der Natur und sei dir all dessen bewusst.

Wähle nun das Gefühl aus, das deinem aktuellen Bedürfnis entspricht, und schreibe es auf. Schließe dann die Augen und sieh dir das Wort in deinen Gedanken an.

Wenn es ein positives Gefühl ist, sei dankbar und behalte es in dir. Ist es ein negatives Gefühl, atme tief ein und lass es mit der Ausatmung los. Öffne deine Augen, löse dich von dem Gefühl und freue dich auf den Tag.

Achtsamkeit für Dich.

Liste von Gefühlen

Ich habe sie in verschiedene Kategorien unterteilt, um dir einen besseren Überblick zu geben:

Positive Gefühle

- Freude
- Zufriedenheit
- Dankbarkeit
- Liebe
- Geborgenheit
- Hoffnung
- Begeisterung
- Neugier
- Vertrauen
- Stolz
- Erleichterung
- Gelassenheit

Neutrale oder gemischte Gefühle

- Überraschung
- Nachdenklichkeit
- Nostalgie
- Sehnsucht
- Gleichgültigkeit
- Unsicherheit
- Verwirrung
- Ambivalenz

Negative Gefühle

- Traurigkeit
- Angst
- Wut
- Enttäuschung
- Frustration
- Scham
- Schuld
- Neid
- Eifersucht
- Einsamkeit
- Überforderung
- Ohnmacht

Körpernahe oder diffuse Gefühle

- Nervosität
- Anspannung
- Erschöpfung
- Kribbeln
- Leere
- Unruhe
- Wärme
- Kälte
- Zittern

Diese Liste kann dir helfen, deine Gefühle bewusster zu benennen und ein besseres Verständnis für deine emotionale Welt zu entwickeln.